# CATALOGUE

DES

# LIVRES ET MANUSCRITS

GRAVURES, DESSINS ORIGINAUX

**CUIVRES GRAVÉS, LIVRES EN NOMBRE**

COMPOSANT LA

## BIBLIOTHÈQUE DE FEU M. R. MERLIN

CHEVALIER DE LA LÉGION D'HONNEUR
Ancien libraire, chef de bureau au ministère d'État

DONT LA VENTE AURA LIEU

*Le jeudi 12 et le vendredi 13 octobre 1871, à 7 heures du soir*

**Rue des Bons-Enfants, 28 (maison Silvestre)**

*Et le samedi 14 octobre 1871*

**Rue des Carmes, 23, à 2 heures de relevée**

Par le ministère de Me **BAUBIGNY**, commissaire-priseur,
Rue de Grammont, 20.



PARIS
ADOLPHE LABITTE, LIBRAIRE
4, RUE DE LILLE, 4

1871

La vente des **LETTRES AUTOGRAPHES**, composant la collection de M. R. MERLIN, aura lieu dans le courant du mois de Novembre, par les soins de M. CHARAVAY, expert.

Paris. — Imprimerie Adolphe Lainé, rue des Saints-Pères, 19.

# CATALOGUE

DES

# LIVRES ET MANUSCRITS

GRAVURES, DESSINS ORIGINAUX

**CUIVRES GRAVÉS, LIVRES EN NOMBRE**

COMPOSANT LA

## BIBLIOTHÈQUE DE FEU M. R. MERLIN

CHEVALIER DE LA LÉGION D'HONNEUR

Ancien libraire, chef de bureau au ministère d'État



DONT LA VENTE AURA LIEU

*Le jeudi 12 et le vendredi 13 octobre 1871, à 7 heures du soir*

**Rue des Bons-Enfants, 28 (maison Silvestre)**

*Et le samedi 14 octobre 1871*

**Rue des Carmes, 23, à 2 heures de relevée**

Par le ministère de Me **RAUBIGNY**, commissaire-priseur,
Rue de Grammont, 20.

PARIS

ADOLPHE LABITTE, LIBRAIRE

4, RUE DE LILLE, 4

—

1871

Merlin (Romain), ancien libraire, est décédé le 4 février 1871, à l'âge de soixante-dix-sept ans. Né à Montfort-l'Amaury, le 13 mars 1793, il était fils de Jacques-Simon Merlin, procureur de cette commune, qui abandonna ses fonctions pour succéder à Jean-Baptiste-François Née de la Rochelle. Il faut remonter à plus de cent ans en arrière pour suivre la trace de cette famille dans le monde de la librairie. Lottin, dont on a souvent l'occasion de citer le *Catalogue des libraires*, nous apprend que J.-B. Gogué, nommé libraire le 8 juin 1761, adjoint au syndic de la librairie le 3 juillet 1771, bibliographe estimé, mort le 27 novembre 1786, eut pour gendre et successeur J.-B.-Fr. Née de la Rochelle. Celui-ci, reçu libraire le 31 décembre 1773, était en 1788 libraire de la grande prévôté de Paris, rue du Hurepoix; il transmit son fonds, en 1794, à J.-S. Merlin, son beau-frère, qui le conserva jusqu'à sa mort, survenue le 28 janvier 1835.

Romain Merlin, son fils, auquel nous voulons consacrer spécialement cette notice, fit de fortes études, fut lauréat du concours général et semblait destiné à la carrière des lettres.

Il publia la traduction des *Aventures d'amour de Par-*

*thénius* dans les *Romans grecs*, dont son père était l'éditeur (1822, in-16).

Il continua cette librairie jusqu'en janvier 1843, époque à laquelle il la céda à M. Delion. Il rédigea un certain nombre de catalogues de bibliothèques importantes (1832-1847). Entre tous, je dois citer spécialement avec éloge le *Catalogue de la bibliothèque du baron Silvestre de Sacy*, 1842-1847, 3 vol. in-8. Il avait l'amour des livres et peu de goût pour le négoce. Lorsqu'il abandonna la librairie, il devint successivement conservateur du dépôt de la librairie et sous-bibliothécaire au ministère de l'intérieur. En 1852, il fut nommé conservateur des souscriptions au ministère d'État, et fut décoré de la Légion d'honneur pendant qu'il remplissait cet emploi.

En 1847, il publia des *Réflexions impartiales sur le Catalogue des livres de la Bibliothèque royale*, rédigea la *Table systématique du Journal de la Librairie* pour 1848, fit un *Rapport sur la calligraphie, la gravure, les cartes à jouer, la reliure, etc.*, à propos de l'Exposition universelle de 1855 (in-18, Imp. impériale). Ce livre, plein d'érudition, offre de l'intérêt; mais l'auteur continua depuis ses recherches, et des découvertes inattendues amenèrent dans son esprit un système différent d'interprétations sur la véritable origine des cartes et le déterminèrent à publier un nouveau livre sous le titre suivant : *Origine des cartes à jouer, recherches nouvelles sur les naïbis, les tarots, et sur les autres espèces de cartes*. Ce magnifique volume est accompagné d'un album de 74 planches offrant plus de 600 sujets.

E. B[e].

# CATALOGUE

DES

# LIVRES ET MANUSCRITS

GRAVURES, DESSINS ORIGINAUX

CUIVRES GRAVÉS, LIVRES EN NOMBRE

COMPOSANT LA

## BIBLIOTHÈQUE DE FEU M. R. MERLIN

CHEVALIER DE LA LÉGION D'HONNEUR,

Ancien libraire, chef de bureau au ministère d'État.

## THÉOLOGIE, LINGUISTIQUE ET HISTOIRE.

1. Vetus Testamentum, hebraïcum et latinum. *Viennæ*, 1745, in-8, rel.
2. Vetus Testamentum ex versione Septuaginta Interpretum, summa cura edidit Lambertus Bos. *Franequeræ*, 1709, in-4, vél.
3. Incipit Liber gestorum Barlaam et Josaphat a Joh. Damasceno. *S. l. n. a.*, in-4, mar. r. tr. dor. gothique.
4. Bibliorum pars græca. *Ex off. Plantiniana*, 1612, in-8, vélin.

   Avec traduction latine interlinéaire.
5. Novum Testamentum græcum, gr. et lat. 1602, in-8, v. br.
6. Evangelium Johannis, in gothischer Sprache von Massmann. *München*, 1834, in-4, br.

7. Evangelia slavice (vulgo, texte du sacre) descripsit et edidit Silvestre. *Lutetiæ-Parisiorum,* 1843, in-4, demi-rel.

Fac-simile en couleurs.

8. Epistolæ et Evangelia, germanice. *S. l.*, 1474, in-4 goth. 55 fig. sur bois.

9. Sacrorum Evangeliorum Versio gothica, edidit Lye. *Oxonii,* 1750, in-4, cart. n. rogn.

10. Novum Testamentum in lingua glogolitica. *S. l. n. a*, in-4, bas.

11. Concordantiæ Bibliorum sacrorum, vulgatæ editionis, curâ Dutripon. *Parisiis*, 1838, gr. in-4, demi-rel.

12. Novi Testamenti græci Concordantiæ, operâ Erasmi Schmidii. 1638, in-fol. vél.

13. Études bibliques, par l'abbé Le Hir, avec introduction et sommaires par l'abbé Grandvaux. *Paris*, 1869, 2 vol. in-8, br.

14. Specimina scripturæ græcæ, exhibet de Murr. 1792, in-4. — De ultima artis scribendi Antiquitate, 1778. — De Origine artis scribendi. 1765, 4 part. in-4.

15. Opus de Mysterio missæ Alberti Magni. *S. l. n. a.*, pet. in-fol. demi-rel. 144 feuillets.

16. Preces Sancti Nersetis triginta tribus linguis editæ. *Venetiis,* 1862, in-12, mar. bl. tr. dor.

17. Probæ Falconiæ Centones de Christo. *Basileæ* (*Frid. Biel*), *s. a.*, in-4, mar. v. tr. dor.

18. Missale Romanum slavonico idiomate editum. *Romæ,* 1741, in-4, v. f.

19. Explicit Tractatus de Paradiso animæ, Alberti Magni. *S. l. n. a.*, in-4 goth. à 2 col.

20. Alberti Magni de Eucharistiæ sacramento sermones. *S. l. n. d.,* in-fol. gothique. — Alberti Magni, de adherendo Deo nudato intellectu. *S. l.*

*n. d.*, in-fol. goth. — Tractatus de doctrina tacendi et dicendi. *S. l. n. d.*, in-fol. goth.

21. Summa Pisanella. *Expletum feliciter anno* 1474 *per Matthium Moravum et Michaelem de Monacho.* In-fol. goth. à 2 col. sans chiffres ni récl.

Premier livre imprimé à Gènes.

22. Incipit Prologus Rev. Patris Wilhelmi, episcopi lugdunensis, de fide et legibus. *S. l. n. a.*, in-fol. rel. gothique.

23. Wilhelmi, episcopi lugdunensis, de fide et legibus. *S. l. n. a.*, in-fol. car. r.

24. Albertus Magnus. Incipit Prologus in opus virginis Mariæ gloriosæ. *Absque nota*, in-fol. cart. gothique. (xv<sup>e</sup> *siècle.*)

25. Incipit epistola Isidori Junioris Hispalensis episcopi. — Incipit liber Ethimologiarum Isidori. *S. l. n. a.*, in-fol. d.-goth. reliure en bois, 2 col. 51 lignes.

Édition attribuée à Jean Mentelin. L'exemplaire, relié en bois, possède encore la chaîne qui l'attachait aux murs d'un monastère.

26. Lactantii Firmiani de divinis institutionibus adversus gentes. *Venetiis*, 1478, in-fol. bas. tr. d.

27. Vitam bonam et exitum beatum ego frater Guillerinus educat. *Explicit anno* 1482 (*typis Zainerianis*), in-fol. p. de truie.

28. Sermones aurei de Sanctis fratris Leonardi de Utino. *Impressum per Stephanum Koblinger de Vienna*, 1480, in-4 goth. à 2 col. rel. en bois.

29. Sermon inédit de Jean Gerson sur le retour des Grecs à l'unité, publié par le prince Galitzin. *Paris, Benj. Duprat*, 1859, in-4, br.

30. Miracula Augustanæ, 1631. — Ciceronis Flores. *S. a.* — Alphabetum divini amoris, 1489; etc. 20 pièces in-fol. et in-4 avec titres ornés.

31. Gulde. Legende der Heiligen. *Gouda*, 1480, in-4, mar. n. fil. tr. dor. *goth. à 2 col.*

**32.** Cinq Plaques d'ivoire sculpté représentant la mort de J.-C., par Ch. Cahier. *S. l. n. d.*, in-4, br. 5 planches.

**33.** Les Mystères du syncrétisme phrygien dans les Catacombes romaines de Prétextat, par Garrucci. *Paris*, 1854, in-4, cart. *Fig. dans le texte.*

**34.** GALLIA CHRISTIANA in provincias distributa, auth. Sammarthano (vol. XIII). *Parisiis*, 1785, in-fol. en feuilles.

Deux exemplaires.

**35.** Liturgie grecque et slave. 3 vol. in-8, rel.

**36.** Le Coran, trad. de l'arabe par Savary. *Paris*, 1783, 2 vol. in-8, bas.

**37.** Dictionnaire de la Fable, par Noël. *Paris, Normant*, 1810, 2 vol. in-8, v.

**38.** La Magie et l'Astronomie dans l'antiquité et au moyen âge, ou étude sur les superstitions païennes qui se sont perpétuées jusqu'à nos jours, par Alfred Maury. *Paris*, 1860, in-12, br.

**39.** Justiniani Institutiones. *Lugduni, per Johannem de Prato, anno Domini* 1489, in-fol. gothique, v. brun.

**40.** Essai sur la philosophie des sciences, ou exposition analytique d'une classification naturelle des connaissances humaines, par Ampère. *Paris*, 1834-43, 2 vol. in-8, br.

On a joint à cet ouvrage une liasse de manuscrits et de brochures sur la classification bibliographique.

**41.** Porphyrii de Abstinentia ab esu animalium, libri IV. *Trajecti ad. Rhen.*, 1767, in-4, br. en carton.

**42.** Baconis Opera. *Londini*, 1638, in-fol. v.

**43.** Egidius Romanus. Quæstiones. *Bononiæ, per Dom. de Lapis*, 1481, in-fol. goth.

**44.** Recherches sur Montaigne, par Payen (n° 4). *Paris, Techener*, 1856, gr. in-8, br.

45. Belle Prairie, contenant divers caractères (par Le Bé). *Paris*, 1601, in-4 obl. vélin. (*Le titre manque.*)

46. Le Opere di Galileo Galilei. *Firenze*, 1842-56, 15 vol. in-8, br. et 1 vol. de supplément.

47. Dictionnaire universel de matière médicale et de thérapeutique générale, par Mérat et J. de Lens. *Paris*, *Baillière*, 1829, 6 vol. in-8. — Supplément au dictionnaire. 1 vol. Ensemble 7 vol. in-8, br.

48. Histoire naturelle des oiseaux d'Afrique, par Levaillant. *Paris*, *s. d.*, in-fol. figures noires et coloriées, 25 livraisons formant les 3 premiers volumes.

49. Le Traité des Bestes, oyseaux, poissons, pierres précieuses et orines du Jardin de santé. *S. l. n. d.*, in-fol. goth. *figures* et *lettres initiales*. (*Incomplet à la fin.*)

50. Exercices de botanique. *Paris*, *Crapelet*, 1801, 3 vol. in-8, cart. *Figures coloriées.*

51. Gazette des Beaux-Arts. 1868, 12 numéros, gr. in-8, br.

Manque novembre.

52. Moniteur des arts. *Paris*, *Gide*, 1845-46, nos 1 à 52, 2 années complètes en livraisons.

53. Monuments français inédits pour servir à l'histoire des arts, par Willemin. *Paris*, *s. d.*, in-fol. fig. noires et coloriées.

Les vingt premières livraisons.

54. Notice sur Jean Pélerin et sur son livre *de Artificiali Perspectiva*, par An. de Montaiglon. 1861, in-fol. br.

55. Théophile, prêtre et moine. Essai sur divers arts, publié par le comte Ch. de l'Escalopier. *Paris*, 1843, in-4, br.

56. Régénération de la peinture à fresque, par Bor-

romée. *Paris*, *Didot*, 1861, in-fol. demi-rel. mar. noir.

57. Essai sur la gravure sur bois, par F. Didot. 1863. — Catalogue de toutes les estampes d'Adrien van Ostade, par Faucheux. *Paris, Renouard*, 1862, 2 vol. in-8, br.

58. Histoire de la gravure en France, par G. Duplessis. *Paris*, *Rapilly*, 1861, in-8, br.

59. Le Premier Siècle de la calcographie, ou Catalogue raisonné des estampes du cabinet de feu le comte Léopold Cigognara, avec un appendice sur les nielles. *Venise,* 1837, in-8, br.

60. Emblemata Schoonhovii. *Lugd.-Bat.*, *Elzevir*, 1626, in-4, demi-rel. fig.

61. Études sur la musique grecque, le plain-chant et la tonalité moderne, par Alex. Tiron. *Paris*, 1866, gr. in-8, br. *Musique gravée.*

62. G. Le Gangneur, Angevin. La Calligraphie. 3 part. en 1 vol. in-4 obl.

63. Libro di Giov. Battista Palatino, cittadino romano, nel qual s'insegna a scriver ogni sorte di lettera, antica e moderna. *Roma*, 1561, in-4, br.

64. Les Nouveaux Principes de l'art d'écrire, ou la vraye méthode d'y exceller, par le sieur Roylet. *Paris*, *Mesnier,* 1731, in-fol. br. — Nouveau livre d'après les meilleures pièces d'écriture, par Rolland. *S. l. n. d.,* in-fol. br.

65. Mithridates, oder allgemeine Sprachenkunde, von Adelung. *Berlin,* 1806-1817, 6 vol. in-8, cart.

66. Hederici Græcum Lexicon manuale, cura Ernesti. *Lipsiæ*, 1796, gr. in-8, vélin.

67. Dictionnaire étymologique des mots français dérivés du grec, par Morin. *Paris*, *Imprimerie impériale*, 1809, 2 vol. in-8, v. rac.

68. Dictionnaire nouveau français-latin, par Noël. *Paris*, 1809, in-8, bas. — Gradus ad Parnassum. 1810, in-8, bas.

69. Histoire de la langue des Gaulois et par suite de celle des Bretons, par Miorcec de Kerdanet. *Rennes*, 1821, in-8, br.

70. Méthode pour étudier la langue grecque moderne, par Jules David. *Paris*, 1827, in-8, br.

71. The Elements of anglo-saxon grammar, by Bosworth. *London*, 1823, in-8, cart.

72. Diccionario portuguez-francez e latino, compilado da José da Costa. *Lisboa*, 1794, in-fol. rel.

73. Pièces diverses en portugais (littérature et facéties). 26 pièces en 1 vol. in-4, rel.

74. Diccionario de la lengua castellana. *Madrid, Harra*, 1791, in-fol. bas.

75. Althochdeutscher Sprachschatz oder Wörterbuch der Althochdeutschen Sprache, von Graff. *Berlin*, 1834, 2 vol. in-4, et supplément.

76. Dictionnaire comparatif et étymolog. des langues teuto-gothiques, par Meidinger. *Francfort-s.-M.*, 1836, in-8, br.

77. Thesaurus theutonicæ linguæ. *Antuerpiæ*, 1573, in-fol. v.

78. Wodman. Vocabularium bohemico-latinum. *Pilsnæ*, 1511, in-4 goth. à 2 col. mar. r. tr. d.

79. Dictionarium latino-hungaricum, a Franc. Paris-Papaï. *Posonis*, 1801, 2 t. en 1 vol. in-8, demi-rel.

80. Lexicon islandico-latino-danicum Haldorsonii. *Hauniæ*, 1814, in-4, br.

81. Lexicon lapponicum a Lindahl. *Holmiæ*, 1780, in-4, br.

82. Institutiones linguæ slavicæ dialecti veteris. *Vindobonæ*, 1822, in-8, demi-rel.

83. Dizionario italiano, latino, illirico, opera del padre della Bella. *Ragusa*, 1785, 2 vol. in-4, br.

84. Stulli Lexicon latino-italico-illyricum. *Budæ*, 1801, 2 vol. in-4, br.

85. Henschel. Dictionnaire allemand-français et français-allemand. *Paris*, 1839, 2 vol. gr. in-8, demi-rel. v.

86. Grammaire raisonnée de la langue russe, précédée d'une introduction sur l'histoire de cet idiome, de son alphabet et de sa grammaire, par N. Gretsch. *St-Pétersbourg*, 1828, 2 vol. in-8, d.-rel.

87. Nouveau Dictionnaire russe, français, allemand, par Heym. *Moscou*, 1799, 2 tom. en 1 vol. in-4 rel.

88. Nouveau Dictionnaire polonais, allemand et français, par M. Abraham Trotz. *Breslau*, 1832, 2 vol. in-8, cart. en toile.

89. Reiff. Dictionnaire étymologique de la langue russe. *St-Pétersbourg*, 1835, 2 vol. gr. in-8, demi-rel. v.

90. Liber Radicum, sive lexicon hebraïcum, auctore Reckenberger. *Ienæ*, 1748, 2 vol. in-8, v. rac.

91. Grammaire arabe vulgaire, pour les dialectes d'Orient et de Barbarie, par Caussin de Perceval. *Paris*, 1844, in-8, br.

92. Bresnier. Cours de langue arabe et chrestomathie arabe. *Alger*, 1855, 2 vol. in-8, mar. r. tr. dor.

93. Journal Asiatique. 2e série, 1828 à 1835. — 3e série, 1840 à 1842. — 5e série, 1859 à 1862. — 6e série, 1863-1864 et 1866 à 1869. 21 années brochées ou en livraisons.

94. Notice sur Anacréon, par Ambroise-Firmin Didot. *Paris*, 1864, in-8, br.

95. Collection de poésies, romances, chroniques des xve et xvie siècles. *Paris*, *Silvestre*, 24 parties, goth. pet. in-8, br.

96. Collection de poésies, romans, chroniques, etc. des $xv^e$ et $xvi^e$ siècles. *Paris*, *Silvestre*, 15 part. goth. en 3 vol. pet. in-8, demi-rel.

Exemplaire sur vélin. Il manque neuf parties.

97. OEuvres de Boileau-Despréaux. *Genève*, 1716, 2 vol. in-4, v. br.

98. Vatnsdaela Saga, ok saga af Finnboga hinnen rama. *Kiobenhavn*, 1812, in-4, cart.

99. Collection des romans grecs, trad. en français par Courier, Larcher et autres. *Paris*, *Merlin*, 1822, 12 vol. in-12, pap. vél. carré, fig. br.

Les tomes VI et VII n'ont jamais paru. Du tome XV, il n'a été imprimé que le titre, les pages xvii à xlvii et 1 à 368. *Nicétas Eugenianus.*

100. Collection des romans grecs. *Paris*, *Merlin*, 12 vol. in-16, br.

Exemplaire en très-grand papier vélin, avec figures avant la lettre.

101. Collection des romans grecs. *Paris*, *Merlin*, in-16, pap. vél. carré, fig.

Les défets qui existent encore sur ce papier sont :

|  | | |  | | |
|---|---|---|---|---|---|
| Tome Ier | 6 | exemplaires. | Tome X | 6 | exemplaires. |
| II | 6 | — | XI | 4 | — |
| IV | 5 | — | XII | 17 | — |
| V | 17 | — | XIII | 3 | — |
| VIII | 10 | — | XIV | 17 | — |
| IX | 5 | — | | | |

102. Collection des romans grecs. *Paris*, *Merlin*, in-16, gr. pap. vél. fig. avant la lettre, brochés.

Ces défets sont les seuls qui existent sur ce papier. Voici le détail des nombres :

|  | | |  | | |
|---|---|---|---|---|---|
| Tome Ier | 11 | exemplaires. | Tome IX | 3 | exemplaires. |
| II | 12 | — | X | 5 | — |
| III | 7 | — | XI | 3 | — |
| V | 8 | — | XII | 8 | — |
| VIII | 7 | — | XIV | 9 | — |

103. Collection des romans grecs. *Paris*, *Merlin*, in-16, pap. fin, brochés.

Les défets qui existent encore sur ce papier sont :

|  | | |  | | |
|---|---|---|---|---|---|
| Tome II | 9 | exemplaires. | Tome X | 21 | exemplaires. |
| III | 13 | — | XII | 24 | — |
| IV | 16 | — | XIII | 15 | — |
| V | 12 | — | XIV | 24 | — |
| IX | 2 | — | | | |

104. Parthenius, Philostrate, Achilles Tatius, Eumathe. 2 cartons in-4.

Manuscrits et travaux de M. Phil. Lebas sur ces romanciers grecs. V. les numéros 2219 et 2220 du Catalogue Ph. Lebas, publié en 1860.

105. Contes de ma mère l'Oye. *La Haye*, 1745, in-12, v. *Figures de Fokke.*

106. Aventures de Télémaque. *Paris, imprimerie de Monsieur*, 1785, 2 vol. in-4, papier vélin (cinq exemplaires, en feuilles).

Figures de Tillard d'après Monnet.

107. Facéties de carnaval. — Patente d'Olibrius. — Brevet de gobe-mouches. — Vente après décès d'un fonds de livres merdeux, etc. 50 pièces in-4.

108. Le Petit-Neveu de Boccace, ou Contes nouveaux en vers. *Amst.*, 1787, in-8, pap. rose, br.

109. Le Pantcha Tantra, ou les Cinq Ruses, par Vichnou Sarma, et autres contes traduits de l'indien par Dubois. *Paris*, 1826, in-8, en feuilles.

Quatre exemplaires.

110. La Critique française, revue philosophique et littéraire. *Paris*, 1860-64, 45 nos in-8, br.

Manquent les numéros 3, 4, 26, 27, 28, 33, 34, 44.

111. De Mercey. OEuvres. *Paris*, 1855 *et ann. suiv.*, 10 vol. in-8, mar. br. fil. tr. dor.

Bel exemplaire. — Études sur les beaux-arts, 3 vol. — La Toscane et le midi de l'Italie, 2 vol. — Souvenirs et Récits de voyages. — Scotia, 2 vol. — Le Tyrol, 2 vol.

112. Diarium nauticum, seu vera descriptio trium navigationum admirandarum, auctore Gerardo de Vera. *Amstelredami*, 1598, in-fol. demi-rel. figures.

113. Voyage dans la Cilicie et dans les montagnes du Taurus, pendant les années 1852 à 1853, par Victor Langlois. *Paris*, 1861, in-8, fig. br.

114. L'Art de vérifier les dates depuis la naissance de N.-S., continué par Saint-Allais. *Paris*, 1818, 5 vol. in-8, demi-rel.

115. Atlas ethnographique du globe, ou Classification des peuples d'après leur langue, par A. Balbi. *Paris*, 1826, in-fol. cart.

116. L'Introduction au traité des merveilles anciennes avec les modernes, ou Traité préparatif à l'apologie pour Hérodote. *De l'imprimerie de Guill. de Marescs*, 1580, pet. in-8, vélin.

117. Pausaniæ Græciæ Descriptio, gr. et lat., cura Kuhnii. *Lipsiæ*, 1696, in-fol. vélin.

118. Grand Plan de Rome antique pour l'ouvrage de Dezobry. In-fol. in plano.

119. Valerii Maximi factorum dictorumque memorabilium libri. *Parisiis* (*per Stol.*), 1475, pet. in-fol. car. semi-gothiques.

120. Atlas historique de Kruse, trad. par Lebas et Ansart. *Paris*, *Hachette*, 1847, 2 vol. in-fol. demi-rel. v. r.

121. Tableau des révolutions de l'Europe, par Koch. *Paris*, 1814, 4 vol. in-8, br.

122. Summa historiæ gallo-francicæ, civilis et sacræ, edita a Michaele Loren. *Argentorati*, 1790, 4 t. en 3 vol. in-8, bas.

123. Bulletin de la Société de l'histoire de France. 1834-35, en livraisons.

124. Jeux de cartes des rois de France, d'Angleterre et de la mythologie. In-16, *figures*.

125. Des Cérémonies du sacre, par Leber. *Paris*, *s. d.*, in-8, br. fig.

126. Histoire de la vie privée des Français, par Le Grand d'Aussy. *Paris*, 1815, 3 vol. in-8, br.

127. Histoire généalogique de la maison de France, par Scévole et Louis de Saincte-Marthe. *Paris*, *Nicolas Buon*, 1628, 2 vol. in-fol. demi-rel. *Blasons*.

128. Histoire de Charles VII et de son époque, 1403-1461, par Vallet de Viriville. *Paris, veuve Renouard*, 1862, 3 vol. in-8, br.

129. Recueil des dépêches et réponses du ministre à M. le marquis de Bombelles. *S. l. n. d.*, 2 vol. in-fol. *manuscrits*.

130. Affiches pour 1848 et 1849. 3 liasses et 1 carton, environ 1000 pièces.

131. Affiches, professions de foi, etc., de 1848 à 1852. In-fol., environ 300 pièces.

132. Journal du Peuple. 1848, n<sup>os</sup> 2 à 190 (moins 6 n<sup>os</sup>). — Le Populaire, par Cabet, du 25 février 1848 au 18 février 1849 (complet). — La Révolution démocratique et sociale, par Delescluze, du n° 39 au n° 212 (moins 11 n<sup>os</sup>).

133. Nouvelle Histoire de Paris et de ses environs, par de Gaulle, avec une introduction par Ch. Nodier. *Paris, Pourrat*, 1841, 5 vol. gr. in-8. fig. demi-rel.

134. Plan de Paris et de ses faubourgs, par Lagrive. 1730, tableau in-fol.

135. Almanach de Nevers. 1766-1786, 15 vol. in-18, mar. r. tr. dor.

Il manque six années.

136. L'Abbaye de Pontigny, par le baron Chaillou des Barres. *Paris*, 1844, gr. in-8, br. *figures*. — Notice sur le portique dit de Sarcus. 1858. — Hôtel d'Artois, à Paris. *Arras*, 1863. = 7 vol. ou br. in-8.

137. Mémoires pour servir à l'histoire du département de la Nièvre, par Née de la Rochelle. *Bourges*, 1827, 3 vol. in-8, br.

138. Plan de la baronnie de Maingoval, en Artois. In-fol. dessiné et colorié par Dervillers, 1733.

139. Lettres sur les Pyrénées, ou Voyage de Paris au Canigou, par Achille Jubinal. *Paris, Amyot*,

1848; et autres brochures du même auteur. 14 pièces in-8, br.

140. Essais sur l'histoire municipale de la ville de Sisteron, par E. de Laplane. *Paris, Paulin*, 1840, gr. in-8, br. planches.

141. Remarques sur les souverains pontifes romains, par Michel Gorgeu. *Abbeville*, 1659, in-4, rel. *Armoiries*.

142. Constitucions de Cathalunya. 1504 à 1534, 5 part. en 1 vol. in-fol. vélin.

143. Costumes de la Russie (en russe). *St-Pétersbourg*, 1799, 2 vol. in-4, rel. *Fig. col.*

144. Mœurs, Institutions, Cérémonies des peuples de l'Inde, par Dubois. *Paris*, 1825, 2 vol. in-8, brochés.

145. Histoire de la colonie française en Canada. *Villemarie*, 1865, 3 vol. in-4, br. portr.

146. Questions de littérature légale, par Ch. Nodier. *Paris*, *Crapelet*, 1828, in-8, demi-rel.

147. Serie dei Testi di lingua da B. Gamba. *Venezia*, 1839, gr. in-8, br.

148. Collége de France. Cours de littérature slave. In-4, autographié.

149. Danica Literatura antiquissima seu gothica luci reddita, opera Wormii. *Hafniæ*, 1636, in-4, bas.

150. Biographie ancienne et moderne. *Paris*, *Michaud*, 1812 et années suivantes, 52 vol. in-8, grand pap. v. ant.

151. Biographie des hommes vivants. *Paris, Michaud*, 1819, 5 vol. in-8, portr. basane.

152. Mémoires de la Société des antiquaires de France; nouvelle série, tome VI. 1842, in-8, br. figures.

153. Alticchiero, par Mad. W. C. D. R. *Padoue*, 1787, in-4, vélin. 30 *planches*.

154. Le bâton pastoral, étude archéologique, par l'abbé Barrault et Arthur Martin. *Paris, Poussielgue,* 1856, gr. in-4, cart. 19 *planches.*

155. Manuel de numismatique ancienne, par *Hennin. Paris, Merlin,* 1830, 2 vol. in-8, br.

156. Histoire du jeton au moyen âge, par Jules Rouyer et Eugène Hucher. *Paris, Rollin,* 1858, gr. in-8, br. planches (1re partie).

157. V. Langlois. Essai de classification des suites monétaires de la Géorgie. 1860. — Recherches sur les monnaies frappées dans l'île de Rhodes. 1855. — Numismatique de l'Arménie. 1859. — 3 part. in-4, br.

158. Tissus et Broderies antiques, par Arthur Martin. *S. l. n. d.*, in-4, 8 planches en couleurs.

159. Paléographie des chartes et des manuscrits du XIe au XVIIe siècle, par Chassant. *Paris, Dumoulin,* 1854, in-8, br. avec 9 planches.

160. Dictionnaire généalogique, héraldique, par de La Chesnaye des Bois. *Paris, Duchesne,* 1757, 6 vol. pet. in-8, v. m.

161. Le Blason des couleurs, en armes, livres et devises, par Sicille, publ. par H. Cocheris. *Paris, Aubry,* 1860, in-12, cart.

162. Généalogie des Bourbons. — Généalogie des Courtenay. — Généalogie du maréchal de Catinat, etc. 4 feuilles in-fol.

163. The Book containing the treatises of hawking, hunting, coat armour, fishing and blasing of arms, as printed at Westminster by Wynkyn de Worde (1496). *London,* 1810, in-4, cart. fig.

164. Photii Bibliotheca gr., edidit Hoeschelius. *Augustæ Vindelicorum,* 1601, in-fol. demi-rel.

165. Initia typographica, illustravit Lichtenberger. *Argentorati,* 1811, in-4, rel.

166. Monumenta typographica, studio et labore Wolfii. *Hamburgi,* 1740, 2 vol. pet. in-8, cart.

167. Débuts de l'imprimerie à Mayence et à Bamberg, par Léon de Laborde. *Paris, Techener,* 1840, gr. in-4, cart. fig.

168. Marques typographiques des libraires et imprimeurs français avant 1600 (par Silvestre). *Paris,* 1853-67, 16 livr. pap. vél. gr. in-8, br. fig.

169. Histoire de l'origine et des premiers progrès de l'imprimerie (par Prosper Marchand). *La Haye,* 1740, in-4, v. br. — Supplément (par Mercier de Saint-Léger). 1773, in-4; — 1775, in-4, br. (avec notes mss.).

170. Histoire de l'imprimerie et de la librairie, par Jean de la Caille. *Paris,* 1789, in-4, v. br.

Née de la Rochelle a copié sur cet exemplaire les notes écrites par De La Monnoie. On a joint un autre exemplaire avec les notes de M. *Silvestre.*

171. Recherches sur l'établissement de l'art typographique en Espagne et en Portugal, par Née de la Rochelle. *Paris, Merlin,* 1830, in-8, br.

172. Fac simile di alcune imprese di stampatori dei secoli xv et xvi. *S. l. n. d.,* in-8, cart. 25 pl.

173. Notice d'un livre imprimé à Bamberg, par Camus. *Paris, an VII,* in-4, cart.

174. Ceofroy Tory, peintre et graveur, premier imprimeur royal, réformateur de l'orthographe et de la typographie sous François Ier, par Auguste Bernard. *Paris, Tross,* 1865, in-8, br.

175. Panizzi. Chi era Francesco da Bologna. *Londra,* 1858, in-18, br.

176. Spécimen des nouveaux caractères de la fonderie et de l'imprimerie de P. Didot l'aîné, par J. Didot. *Paris,* 1819, in-8, cart.

177. R. Merlin. Origine des cartes à jouer, recherches nouvelles sur les naïbis, les tarots et sur les autres espèces de cartes, par R. Merlin. *Paris, s. d.,* in-4, cart. 74 *planches.*

178. Le même ouvrage, in-4, pap. vélin, 4 *fig. coloriées*, demi-rel. mar.

179. Extrait des rapports du jury sur la gravure, les cartes à jouer, reliure et registres, par M. Merlin. *Paris*, 1856, in-12, mar. br. doublé de mar. v fil. tr. dor. (*Capé.*)

180. Un double, broché.

181. Rapports sur les cartes à jouer, par M. Merlin. *Paris*, 1856, in-12, br.

Un exemplaire sur papier bleu, un exemplaire sur papier jaune, un exemplaire sur papier vert, un exemplaire sur papier gris.

182. Dictionnaire raisonné de bibliologie, par G. Peignot. *Paris*, *Renouard*, 1802, 2 vol. in-8, demi-rel.

183. Manuel du libraire, par Brunet. *Paris, Silvestre*, 1842, 5 vol. gr. in-8, pap. vergé, demi-rel. mar. br. (*Capé.*)

184. Hain. Repertorium bibliographicum. *Lutetiæ Parisiorum*, 1826, 4 vol. in-8, br.

185. Dictionnaire bibliographique du quinzième siècle, par de la Serna-Santander. *Bruxelles-Paris*, 1805, 3 vol. in-8, v. fauve.

186. La France littéraire, par Quérard. *Paris*, *Didot*, 1827, 10 vol. in-8, demi-rel.

187. Dictionnaire des ouvrages anonymes et pseudonymes. *Paris*, *Barrois*, 1822, 4 vol. in-8, demi-rel. bas.

188. Sachregister zum Kaiserschen Bucher-Lexicon. *Leipzig*, 1838, in-4, br.

189. Tables de la Bibliographie de la France. 1812-61, 49 années en 39 vol. rel. et broch.

Manque 1843 à 1846, 1849, 1854.

190. Histoire du livre en France, par Edmond Werdet. *Paris*, *Dentu*, 1862, 5 vol. in-12, br.

191. Opuscules de M. Beuchot, Lettres et manuscrits. Environ 40 pièces in-8.

192. Recherches bibliographiques, par Du Puy de Montbrun. *Leide*, *Luchtmans*, 1836, in-8, br. fig.

193. Gabrielis Naudæi Tumulus, cura et labore Lud. Jacob. *Parisiis*, *Cramoisy*, 1659, in-4, vélin.

Ce volume se termine par la bibliographie des ouvrages de Naudé et par celle des livres qui lui sont dédiés.

194. L'abbé Rive. Notice de deux manuscrits du duc de La Vallière : la Guirlande de Julie et le Recueil de fleurs et insectes. *Paris*, *Didot*, 1779, in-4. — Notice sur deux manuscrits : le Roman d'Artus, comte de Bretaigne, et le Roman de Parthenay. 1779, in-4, br.

195. Catalogue des livres chinois de la bibliothèque du ministère des affaires étrangères. *St-Pétersbourg*, 1843, in-8, cart. (en russe).

196. Bibliographie japonaise, ou Catalogue des ouvrages relatifs au Japon, par Léon Pagès. *Paris*, *Duprat*, 1859, in-4, br.

197. Bibliografia dei romanzi italiani. *Milano*, *Tosi*, 1838, gr. in-8, cart.

198. Monuments inédits ou peu connus du cabinet de Guill. Libri, qui se rapportent à l'ornementation des livres. *Londres*, 1862, in-fol. br. 60 *planches en couleurs*. — Supplément. *Londres*, 1864, in-fol. br. 5 *pl.*

199. Affaire Libri. 16 pièces in-8, br.

200. Manuel du bibliothécaire, par Namur. *Bruxelles*, 1834, in-8, br.

201. Collection de pièces imprimées et manuscrites sur la classification bibliographique, sur l'imprimerie et la librairie. Environ 50 pièces.

Réunion très-curieuse contenant la Notice des bibliothécaires du roi depuis 1393. — Généalogie de Lottin. — Acte sur parchemin portant nomination de Mabre-Cramoisy comme directeur de l'Imprimerie royale, etc.

202. Systema bibliothecæ Collegii societatis Jesu (auth. Garnier). *Parisiis*, *Cramoisy*, 1678, in-4, broché.

203. Sur la Bibliothèque royale, par MM. Merlin, Gonod, Dunoyer, Techener, Albert, Paulin Paris, etc. Environ 50 opuscules.

204. Recueil de pièces et rapports sur la Bibliothèque nationale et sur les bibliothèques des départements en 1791 et années suivantes. 25 pièces manuscrites en 1 carton.

L'une de ces pièces constate l'existence, dans les départements, de 4,216,939 volumes en 1791.

205. Essai historique sur la Bibliothèque du roi. *Paris*, *Belin*, 1782, in-18, v.

206. Sur les Bibliothèques publiques de Paris, par P.-L. Jacob. *Paris*, *Techener*, 1840, in-8, cart.

Tiré à cinquante exemplaires.

207. Catalogue des livres que renferme la bibliothèque publique de la ville de Grenoble, classés méthodiquement, par Amédée Ducoin. *Grenoble*, 1831, 3 vol. gr. in-8, pap. vél. br.

208. Catalogue général des mss. des bibliothèques publiques des départements. *Paris*, *Impr. nat.*, 1849-61, 3 vol. in-4, cart.

209. Almanach de la librairie. *Paris*, 1778, in-18, broché.

210. Catalogue de pièces curieuses relatives à la librairie, cédées au Cercle des libraires par M. Merlin. *Paris*, 1864, in-4, br.

211. Catalogus librorum bibliothecæ Raphaelis Trichetti Dufresne. *Parisiis*, 1662, in-4, v.

212. Catalogues de ventes de bibliothèques rédigés par MM. Merlin, père et fils. *Paris*, 1812 à 1850 : environ 300 catalogues, en 29 vol. in-8, cartonnés.

Avec prix de la main de MM. Merlin.

213. Catalogue des livres imprimés et manuscrits composant la bibliothèque de feu J.-P.-Abel Rémusat. *Paris*, *Merlin*, 1833, in-8, gr. pap. br.

214. Catalogue de la bibliothèque de M. Silvestre de Sacy. *Paris, Merlin*, 1842-47, 3 vol. in-8, cart.

Exemplaire de M. Merlin avec tous les prix et les noms des acquéreurs.

215. Catalogue of the library of Richard Heber (manuscripts). 1836, in-8, cart. (*Prix.*)

216. Catalogues de diverses bibliothèques, 1780 à 1812, 35 vol. in-8, rel.

Tous ces Catalogues sont avec les prix.

217. Journal des Savants. *Paris*, 1868-69-70, 3 années complètes, en livraisons.

## MANUSCRITS.

218. Quatuor Evangelia. In-4, rel. en bois.

Manuscrit arménien écrit sur parchemin, neuvième siècle (453 de l'ère arménienne).

219. Liber Epistolarum et Evangeliorum. *Anno* 1761, in-4, mar.

Manuscrit sur vélin orné de quatre-vingt-trois lettres majuscules avec miniatures.

220. Walsk. Traduction du Nouveau Testament en langue erse. In-4, v.

Manuscrit.

221. Summa sacerdotum, a divo Thoma manu scriptum. In-4, parchemin.

Manuscrit du quinzième siècle.

222. Livre d'enterrement des morts. — Prières pour les fêtes de l'année, etc. Manuscrits coptes des xve et xvie siècles. 4 vol. in-8, rel. orient.

223. Manuscrits coptes du xiie au xvie siècle, sur parchemin et sur papier de coton, contenant diverses parties des Évangiles. 13 parties in-fol. rel.

224. Fragments de manuscrits coptes. 7 fragments très-anciens, formant environ 80 feuillets.

225. Le Coran, partie seconde. In-fol. rel. orientale.

Manuscrit en lettres d'or sur papier, il comprend depuis le verset 136 jusqu'au verset 253 de la deuxième surate.

226. Traité de jurisprudence et de théologie, par Nash, fils de Mohammed, de Samarkand. *Manuscrit* africain, en écriture maugrabine, transcrit en 1242 de l'hégire, gr. in-4, rel.

227. Bilfinger. Synopsis Philosophiæ sinicæ. In-4, cartonné.

Manuscrit autographe.

228. Mémoires et plaidoyers de (M. de S.-Méry). *S. l. n. d.*, 7 vol. in-4, rel. (*Manuscrit.*)

229. Kitab el Soullema. Dictionnaire copte-arabe. In-fol. rel.

Manuscrit.

230. Libro primero del arte de la lengua general del Cosco Qquichua. In-4, vélin.

Manuscrit.

231. Vocabulario de la lengua Guarani, por el S. B. de Meriau. 1624, in-fol.

Manuscrit.

232. Manuscrits de M. Rémard (auteur de la Chézonomie). Liasse in-fol.

233. Recueil de manuscrits de Née de la Rochelle. 1 liasse.

Parmi ces manuscrits l'on remarque : Le Portefeuille de l'abbé de Mably, 1802. — Hélène. Mémoires composés par elle-même et autres.

234. Recueil d'airs, avec accompagnement, 1759. In-4, bas.

Manuscrit.

235. Recueil de chansons grivoises et autres. In-4 oblong. (*De la main de Méon.*)

236. Les Paraboles et Fables en vieux français, copie manuscrite faite sur l'original. In-fol.

237. Recueil de fables et contes indiens, recueillis et trad. par Dubois, missionnaire. In-4, demi-rel. (*Manuscrit.*)

238. Pièces de théâtre trad. de l'allemand par Junker. In-fol. demi-rel. (*Manuscrit.*)

239. Fragments de l'histoire universelle en français. Manuscrits du xv$^{e}$ siècle, sur vélin, formant 4 rouleaux d'une longueur de 10 mètres; 33 miniatures en médaillons.

240. PORTULANS DU XVII$^{e}$ SIÈCLE ET AUTRES PIÈCES, SUR VÉLIN :

1° Carte de la Méditerranée, par Pierre Cornetus. *Rotterdam,* 1618, in-fol.

2° Carte de la Méditerranée, par Oliva. *Messine,* 1631, in-fol.

3° Carte de la rivière et de la baie de Canada. 1716, in-fol.

4° Carte du golfe Persique, en anglais. 1709, in-fol.

5° Carte des fortifications de Luxembourg pour Louis XIV, et autres pièces sur vélin. 3 pièces.

Chaque numéro sera vendu séparément.

241. Recueil de pièces espagnoles, dont : Relation touchant l'armée du duc de Parme menée à Paris en 1591. 20 pièces en 1 vol. in-4. (*Manuscrit.*)

242. Vie de Nicolas Catherinot. In-4. (*Manuscrit.*)

243. Catalogue des livres de Née de la Rochelle. In-fol. br. (*Manuscrit autographe.*)

244. CY COMMENCENT LES CHAPITRES dou premier livre dou Tresor de M$^{e}$ Brunet Latin de Florence. In-fol. rel.

Manuscrit du quatorzième siècle, sur vélin, à deux colonnes avec lettres tourneures. Ce manuscrit est cité dans la préface de M. Chabaille sous la la lettre OE.

## GRAVURES.

245. Figures avant la lettre, d'après Moreau, pour les Evangiles selon s. Jean, s. Matthieu et s. Luc. In-4. (*Belles épreuves.*)

246. Figures des miracles du diacre Pâris. 18 pl. in-4.

247. Buffon. Figures coloriées, in-8.

248. Figures pour les Métamorphoses d'Ovide, gravées par les soins de Le Mire et Basan. *Paris* (1767). 140 *planches.*

249. Figures pour l'Horace de Baskerville. In-4, 4 *planches.*

Trois exemplaires.

250. Figures de Gravelot pour Corneille. In-4, 35 planches.

Deux exemplaires.

251. Racine. 11 figures d'après Moreau le Jeune.

Huit collections.

252. Figures pour Racine, par Moreau. 1811, 13 planches in-8. (*Avant la lettre.*)

Deux exemplaires.

253. Figures pour Molière. 1806, in-12, 32 planches.

Cinq exemplaires.

254. Arioste. Figures de Cochin et Moreau, avant la lettre. 47 planches.

Deux exemplaires et défets.

255. La Fontaine. Gravures pour les Fables, par Simon et Coiny. 46 livraisons.

Exemplaire de premier tirage avant les numéros, et de format in-8, dans sa brochure primitive.

256. — Figures pour les Contes, d'après les figures des fermiers généraux.

Trois exemplaires.

257. Figures de Tilliard, d'après Monnet, pour Télémaque, de l'édition de 1785. 24 planches, tirage in-fol.

Vingt exemplaires.

258. Figures peintes à la gouache, pour Télémaque, 25 pièces in-4, dans un carton.

259. Collection de 100 gravures pour Gil Blas, sous la direction de Hubert. *Paris*, 1830, 10 livr. in-8, grand papier, figures sur chine.

260. Le Cabinet des fées. Suite de 108 figures. — Supplément aux Mille et une Nuits, 12 figures. Ensemble 120 pl. d'après Marillier, in-8, n. rogn.

Belles épreuves.

261. Voyages imaginaires. Figures de Marillier. 70 pièces et quelques eaux-fortes.

262. Marmontel. Portrait par Gaucher; 11 fig. de Moreau pour les Incas; 11 fig. de Gravelot pour la Pharsale. Environ 40 exemplaires.

263. — Contes moraux. 23 planches par Gravelot. 3 exemplaires.

264. Tressan. Figures pour ses œuvres. 12 pl. et 1 portrait; suite sur pap. de Chine.

265. Paul et Virginie. 4 figures de Moreau.

Quatre exemplaires.

266. Principales Aventures de Don Quichotte. 31 gravures par Brunet.

Quinze exemplaires et défets.

267. Figures pour Hudibras; — pour Gulliver, par Masquellier; — pour le Cabinet des fées, par Marillier; — pour l'Ovide de Poncelin; — pour Clarisse Harlowe; — pour Paul et Virginie, par Moreau; — pour Télémaque, par Queverdo (avant la lettre). Environ 150 pièces.

268. J.-J. Rousseau. Figures de Moreau. In-4, 36 pièces.

269. Portrait de Montaigne, par Saint-Aubin. In-fol.

Deux exemplaires.

270. Recueil de portraits de Moncornet et autres. Environ 150 pièces dans un carton.

271. Portrait de l'abbé Dubois. Dessin par Millet. 1826, 1 f. in-8.

272. Portrait de D'Aguesseau, gravé par Daullé, d'après Vivien. 1761, in-4 et in-fol.

Trente-quatre exemplaires.

273. Portrait de Rigoley de Juvigny, gravé par Miger, d'après Cochin. 1765, in-4 et in-fol.

Soixante-dix exemplaires.

274. Portrait de Linguet, d'après Greuze. (1780) in-4, 30 exempl.

275. Collection de portraits du XVIII^e^ siècle. Environ 100 pièces.

276. Israel Silvestre, Perelle, etc. Vues de Paris et des environs. 26 pièces.

277. Jean Marot. Plans et Vues des hôtels de Paris. 42 pl. in-4 obl.

278. Figures pour l'histoire de Paris, par Félibien, en 36 planches. (11 et 22 manquent.)

279. Vue du château de Heidelberg, en relief. 1 f. in-fol. — Guerres des Russes et des Polonais. 2 dessins in-fol.

280. P. Mariette, le fils. Bas-reliefs, 12 planches in-8 obl.

281. Callot. Gravures diverses. 11 pl. obl.

282. Théod. de Galle. Allégories. 7 pièces in-4 obl.

283. Fleurons d'Eisen. 4 sujets sur 2 feuilles. 21 exemplaires.

284. Gravures diverses d'après Eisen, Cochin, Moreau et autres. Environ 50 pièces.

285. Cinq batailles d'Alexandre, par Séb. Le Clerc, et autres gravures par Callot, Perelle, Isr. Silvestre, etc. Environ 50 pièces.

286. V. Adam. Passe-temps, le Bien et le Mal, Croquades. Environ 150 planches.

287. Victor Orsel. Compositions diverses; livraisons 3 à 8 et 10. 7 livr. in-fol. fig.

288. Gravures diverses, vues, plans, figures allégoriques, fragments sur vélin, etc. Env. 200 pièces.

289. Trophées et allégories. 16 planches in-fol.

290. Société des Amis des arts de Lyon. Musée de Lyon. 1855, 6 livraisons in-fol. fig.

291. Gravures héliographiques sur acier. 4 pièces in-fol.

292. Essais de lithophotographie, par MM. Lemercier, Lerebours et Barresvil. In-fol. fig.

293. Photographies et gravures. Environ 40 pièces en 1 carton gr. in-fol.

294. Projets pour l'église de Sainte-Geneviève. 5 pièces in-fol.

295. Gravures diverses et Cartes géographiques. Environ 40 pièces en 1 carton gr. in-fol.

296. Cartes et Gravures, réunies en 1 carton gr. in-fol. Environ 60 pièces.

297. Cartes et Figures. Environ 150 pièces en carton.

298. Gravures en feuilles. Daphnis et Chloé, etc. 5 pièces in-fol.

299. Gravures encadrées. Napoléon, par Dujardin; — la Nourrice; — le Chien de l'orphelin, etc. 4 pièces.

300. Caricatures anglaises et françaises, principalement sur la Révolution. Environ 150 pièces.

301. L'Arti per via, disegnate da Gios. Mitelli. *Anno* 1660, in-fol. vélin, figures.

302. I Giochi del Mitelli. 1699, in-fol. obl. planches remontées.

303. Peinture russe représentant un saint; panneau de bois, fond or.

304. Art de faire les lanternes de corne à la Chine. 10 planches à l'encre de la Chine (explications données par le P. d'Incarville). In-4, cart.

## DESSINS ORIGINAUX.

305. Dessins originaux, non signés, pour les Fables de La Fontaine. 33 pièces in-8, en couleurs.

306. Dessins originaux de Chasselat pour Roland furieux. In-18.

Quarante-cinq dessins.

307. DESSINS ORIGINAUX pour les Romans grecs trad. et publiés par M. Merlin. 12 dessins à l'aquarelle.

## OUVRAGE DE M. MERLIN

(EN NOMBRE).

308. M. R. MERLIN. Origine des cartes à jouer. Recherches nouvelles sur les naïbis, les tarots et sur les autres espèces de cartes. *Paris, s. d.*, in-4, cartonné. 74 *planches*.

Cent quatorze exemplaires brochés ou cartonnés.

— *Le même ouvrage*, in-4, papier vélin, demi-rel. mar. ou cartonné, 74 planches, dont 4 coloriées.

Quatorze exemplaires.

## CUIVRES.

309. *Sujets romanesques* d'après Derais. 4 cuivres.

310. *Le Parlement de France.* 1 cuivre in-12, gravé d'après Sevin, XVIIIe siècle.

311. Moeurs des Turcs. 23 cuivres d'après Boucher, Hallé et Eisen. *Culs-de-lampe.*

312. *Sujets divers* d'après Eisen. 11 cuivres in-12. *Fleurons.*

313. CULS-DE-LAMPE, style Louis XV, d'après Eisen. 8 cuivres. — Cul-de-lampe d'après Delafosse. 1 cuivre.

Très-jolie collection.

314. PUFFENDORF. Introduction à l'histoire de l'univers. 27 cuivres gravés d'après *Eisen*.

Plus quatre cuivres, sans noms de graveur, se rapportant à l'histoire.

315. LUCAIN. La Pharsale, trad. par Marmontel. 12 cuivres gravés d'après Gravelot.

Portrait de Marmontel, 1 c. — Frontispice, 1 c. — Livres I à X, dix cuivres.

316. MARMONTEL. 26 cuivres gravés d'après Gravelot, pour les *Contes moraux*.

Portrait, 1 c. — Frontispices, 2 c. — Contes, 23 cuivres.

317. COLLECTION DES ROMANS GRECS. 14 cuivres gravés par Larcher (*dont 2 inédits*).

Les deux cuivres inédits avaient été gravés pour Nicetas Eugenianus et Achilles Tatius qui n'ont point paru. Ils seront vendus avec le n° 328.

318. HENNIN. Manuel de numismatique ancienne. *Paris*, *Merlin*, 1869.

Ces cuivres ont été publiés en 1869 par M. Merlin. Un volume contenant 1 feuille de texte et 70 planches.

*Détail des cuivres :* 70 pl. sur 30 cuivres in-4, et 10 cuivres in-8. Soixante exemplaires tirés seront vendus avec les cuivres.

319. HISTOIRE DES FLIBUSTIERS. 8 cuivres in-fol. et in-8.

*Tome I.* Frontispice. — Pêche de la Tortue. — Costume de Flibustier. — Pirogue. — Plan de la Vera-Cruz. — Embouchure du lac.

*Tome II.* Plan de Carthagène. — Plan de l'ithsme de Panama.

Ils seront vendus avec le n° 347.

320. TARSIS ET ZÉLIE. 27 cuivres gravés d'après *Eisen*, dont 1 est inédit.

*Tome I.* Titre, frontispice, livres I à IX.
*Tome II.* Titre, frontispice, livres X à XIV.
*Tome III.* Titre, frontispice, livres XV à XX, et fleuron inédit.
Ils seront vendus avec le n° 341.

321. 32 cuivres divers : portrait de Dussaulx, — portrait de Timour, — figures de Don Quichotte, etc.

322. *Portrait de Puffendorf*, gravé par Ficquet, d'après Ehrenstrahl. 1 cuivre.

323. Cervantès. Don Quichotte de la Manche. *Gravures de Folkema.*

Quarante-quatre sujets gravés sur 9 cuivres.

324. *Portrait de Reynolds*, gravé par Euphrasie Picquenot. 1 cuivre in-8.

325. *Portrait de la comtesse de Genlis*, gravé par Copia, d'après Miris. 1 cuivre.

Joli portrait, costume Louis XVI. Tirage de 100 exemplaires in-4 et in-8 qui y sera joint.

326. Analyse de la beauté, par Hogarth. 2 cuivres in-fol.

Ils seront vendus avec le n° 330.

---

# LIVRES

# EN NOMBRE ET EN FEUILLES

QUI SERONT VENDUS

## Au magasin de la rue des Carmes, 23

*Le samedi 14 octobre 1871, à 2 heures de relevée.*

---

**327.** MÉMOIRES DE L'ACADÉMIE DES SCIENCES. *Paris,* 1666-1789, avec les tables, 220 vol. in-4, rel.

Collection incomplète renfermant beaucoup de volumes doubles.

**328.** COLLECTION DES ROMANS GRECS. *Paris, Merlin,* 12 vol. in-12, plus le tome XV qui n'a jamais été publié.

Cette collection est composée ainsi : Vol. I. Aventures d'amour. — Vol. II à V. Amours de Théagènes et de Chariclée, 4 vol. (Les tomes VI et VII n'ont pas été imprimés.) — Vol. VIII. Daphnis et Chloé. — Vol. IX et X. Chéréas et Callirhoé. — Vol. XI. Abrocome et Anthia. — Vol. XII. L'Ane d'or. — Vol. XIII. Rhodante et Dosiclès. — Vol. XIV. Hismène et Hysménias. — Vol. XV. Nicétas Eugenianus, titre, ff. XVII à XLVIII, pp. 1 à 368. (500 ex.)
*Il existe de cette collection* 255 exemplaires complets en feuilles, plus un grand nombre d'exemplaires de quelques volumes séparés, tels que les volumes VIII, IX et XV. — Beaucoup de volumes séparés papier vélin. — *Le tout formant près de* 4,000 *volumes, plus les cuivres des douze planches détaillés sous le* 317.

**329.** HENNIN. Manuel de numismatique ancienne. *Paris,* 1830, 2 vol. in-8.

Cinq cent cinquante exemplaires en feuilles.

**330.** HOGARTH. Analyse de la beauté, trad. de l'anglais par Jansen. *Paris,* 1805, 2 vol. in-8, *avec 2 grandes planches.*

Cinquante exemplaires. Les cuivres inscrits sous le n° 326 y seront joints.

**331.** CATALOGUE de la bibliothèque de la Vallière, rédigé par Nyon. *Paris,* 1784, 6 vol. in-8.

Douze exemplaires.

332. VIELLOT. Ornithologie française. *Paris*, *Merlin*, 1830, 12 livraisons in-4.

Quinze exemplaires, figures coloriées, et cinquante paquets de figures noires.

333. DICTIONNAIRE tartare-mandchou-français, composé d'après le Père Amiot et publié par Langlès. *Paris*, *Didot*, 1789-90, 3 vol. in-4.

Soixante-quinze exemplaires.

334. MOEURS, INSTITUTIONS, CÉRÉMONIES des peuples de l'Inde, par l'abbé Dubois. *Paris*, *Impr. roy.*, 1825, 2 vol. in-8.

Huit exemplaires papier vélin. Cinquante exemplaires papier ordinaire.

335. LEBER. Recherches sur les médailles de plomb. *Paris*, 1833, in-8.

Trois cents exemplaires.

336. FUSÉE-AUBLET. Histoire des plantes de la Guiane française. 4 vol. in-4 avec près de 400 planches.

Trente exemplaires.

337. HISTOIRE critique et apologétique de l'ordre des Templiers (par le P. Mansuet le jeune, publ. par le P. Joly). *Paris*, 1789, 2 vol. in-4.

Vingt exemplaires.

338. LA LUCIADE, ou l'Ane de Lucius de Patras, publiée d'après les mss., avec la traduction par Courier. *Paris*, 1818, in-12.

Deux cent vingt exemplaires.

339. DAGUESSEAU. Œuvres. *Paris*, 1789, vol. XIII, in-4.

Trente exemplaires. Ce volume manque à beaucoup d'exemplaires.

340. TRAVAUX DE MIRABEAU. 5 vol. in-8.

Quinze exemplaires.

341. TARSIS ET ZÉLIE (par Le Vayer de Boutigny). *Paris*, 1774, 6 tomes en 3 vol. in-8. *Figures*.

Quatre-vingts exemplaires. Les cuivres, inscrits sous le n° 320, y seront joints.

342. Le Pantcha Tantra, ou les Cinq Ruses, fables, trad. sur les originaux indiens, par l'abbé Dubois. *Paris*, 1821, in-8.

Cinq cent cinquante exemplaires.

343. Les Fredaines du Diable (par Sandras, publ. par Née de la Rochelle). *Paris*, 1797, in-12.

Huit cents exemplaires. Cet ouvrage rentre dans la série des ouvrages sur la magie.

344. Voyage archéologique dans l'ancienne Étrurie, par Dorow. *Paris*, *Merlin*, 1829, in-4.

Trois cent quatre-vingt-quatre exemplaires.

345. Recherches sur le culte de Bacchus, par Rolle. *Paris*, 1824, 3 vol. in-8.

Quarante exemplaires.

346. Millin. Voyages dans les départements de la France. *Paris*, 1807-1811, 4 tomes en 5 vol. in-8, avec atlas gr. in-4 de 80 planches.

Cinq exemplaires complets et nombreux défets du texte et des planches.

347. Histoire des aventuriers flibustiers, par OExmelin, avec l'histoire des pirates anglais. 1785, 4 vol. in-12.

Cent cinquante exemplaires. Les cuivres placés sous le nº 319 y seront joints.

348. Mémoires sur le Nivernais, par Née de La Rochelle. *Paris*, 1827, 3 vol. in-8, br.

Cent exemplaires brochés ou en feuilles.

349. Monnaies inconnues des évêques, des innocents et des fous (par le doct. Rigollot). *Paris*, *Merlin*, 1837, in-8.

Défets de cet ouvrage pour le texte et pour les planches.

350. Seybolt. Lusus ingenii. 1792, pet. in-8.

Quatre exemplaires.

351. Oratio pro crepitu ventris, habita a Martino. *Cosmopoli*, 1768, in-16.

Vingt exemplaires.

352. Élite de poésies fugitives. *Paris*, 1769, 5 vol. in-12.

Huit exemplaires.

353. Satires de Juvénal, trad. par Dusaulx. *Paris*, *Crapelet*, 1803, 2 vol. in-4.

Quatre-vingts exemplaires.

354. Chrestomathie mandchou, publ. par Klaproth. *Paris*, *Impr. roy.*, 1828, gr. in-8, br.

Cent vingt exemplaires.

FIN.

## ORDRE DES VACATIONS.

---

**Première vacation**. — *Jeudi* 12 *octobre* 1871.

Livres imprimés.................................... N$^{os}$ 1 — 217

**Deuxième vacation**. — *Vendredi* 13 *octobre*.

Manuscrits.................................... 218 — 244
Gravures.................................... 245 — 304
Dessins originaux.................................... 305 — 307
Ouvrages de M. Merlin.................................... 308
Cuivres.................................... 309 — 326

**Troisième vacation**. — *Samedi* 14 *octobre*.
Rue des Carmes, 23, à 2 heures de relevée.

Ouvrages en feuilles et en nombre.................................... 327 — 354

---

## CONDITIONS DE LA VENTE.

Les acquéreurs payeront, en sus du prix d'adjudication, cinq centimes par franc, applicables aux frais.

Il y aura exposition des livres chaque jour de vente de DEUX heures à QUATRE.

Les livres en nombre, vendus le samedi 14, devront être vérifiés dans le local de la vente, les dimanches 15 et lundi 16 octobre, de 9 heures du matin à 4 heures du soir. Passé ces délais, il ne sera plus admis de réclamation.

**Itinéraires anciens.** — Recueil comprenant l'itinéraire d'Antonin, la table de Peutinger, et un choix des périples grecs, publié par le marquis DE FORTIA D'URBAN. *Paris, Impr. roy.*, 1845, in-4 broché et atlas in-folio de dix cartes........................................ 25 fr.

**Horace.** — Odes traduites en vers avec le texte en regard et des notes explicatives et archéologiques par VANDERBOURG, de l'Académie des Inscriptions. *Paris*, 1812, 3 vol. in-8 brochés .............. 5 fr.

**Garcin de Tassy.** — Histoire de la littérature hindouie et hindoustanie, 2e édition. *Paris*, 1870, 3 vol. in-8 br. ............. 36 fr.

**Le Livre des Cent Ballades**, contenant des conseils à un chevalier pour aimer loyalement (anciennes poésies françaises). *Paris*, 1868, in-8................................................................ 9 fr

**Pausanias.** — Description de la Grèce, traduite, avec le texte en regard, par CLAVIER. *Paris*, 1814. 6 vol. in-8 brochés............. 30 fr.

Cette traduction est accompagnée d'un index complet

**Lydus.** — Liber de ostensis, gr. et lat., edidit Hase. *Lutetia*, 1823. in-8 br. ............................................................ 3 fr.

Cet ouvrage renferme des détails nombreux sur les Augures depuis leur origine chez les Étrusques.

**Sidoine Apollinaire.** — Œuvres traduites en français avec le texte en regard et des notes, par GRÉGOIRE et COLLOMBET. *Lyon*, 1836, 3 vol, in-8, brochés................................................ 8 fr.

Cet auteur est, avec raison, compté parmi les meilleurs poëtes latins chrétiens.

**Louville.** — Mémoires secrets sur la succession d'Espagne, suivis de lettres écrites de Buénos-Ayres en 1710, sur le gouvernement des pères jésuites et la traite des nègres, publiés par le marquis DU ROURE. *Paris*, 1818, 2 vol. in-8 brochés................................ 8 fr.

**Saint-Martin.** — Nouvelles Recherches sur la mort d'Alexandre. *Paris*, 1820, in-8, papier vélin, broché........................ 2 fr.

**Raoul-Rochette.** — Mémoires de numismatique et d'antiquité. *Paris, Impr. roy.*, 1840, in-4 br. *Planches*.............................. 6 fr.

**Barbier de Meynard.** — Dictionnaire géographique, historique et littéraire de la Perse, extrait de *Yakout*, et complété à l'aide de documents arabes et persans inédits. *Impr. imp.*, 1861, gr. in-8 br. 12 fr.

**Aristoxène.** — Les Éléments harmoniques, traduits en français pour la première fois par M. Ch.-Em. RUELLE. *Paris, Pottier De Lalaine*, 1870, in-8............................................................ 5 fr.

Ouvrage couronné par l'Association pour l'encouragement des études grecques en France.

---

Paris. — Imprimerie Adolphe Lainé, rue des Saints-Pères, 19.

www.ingramcontent.com/pod-product-compliance
Lightning Source LLC
LaVergne TN
LVHW020250230826
846091LV00006B/2330

* 9 7 8 2 3 2 9 5 3 2 1 4 1 *